これだけは知っておきたい
「働くこと」の決まり

10代からのワークルール

① ワークルールってなんだ?

監修 上西充子

旬報社

目　次

はしがき ……………………………………………………………… 4

第1章　仕事のきほん

- **Q.** 仕事ってなに？　なんのために働くの？ ……………………… 6
- **Q.** 工場で働く人と農家の人とは、なにが違うの？ ……………… 10
- **Q.** 会社では、正社員のほかにどんな働き方があるの？ ………… 12
- **コラム** お金の支払われない仕事ってあるの？ ………………… 9

第2章　ワークルールってなに？

- **Q.** ワークルールってなに？　どうしてそれが必要なの？ ……… 16
- **Q.** 労働法はいつ、どうやってできたの？ ………………………… 18
- **Q.** 労働組合ってなに？　いつごろできたの？ …………………… 21
- **Q.** 労働法にはどのようなものがあるの？ ………………………… 23
- **Q.** 労働条件はどうやって決まっているの？ ……………………… 26
- **Q.** ワークルールの専門家って誰なの？ …………………………… 28
- **Q.** 国際労働機関（ILO）ってなに？ ……………………………… 30
- **コラム** 児童労働とイギリス工場法 ……………………………… 20
- **コラム** 日本がILOの重要な条約を批准しないのはなぜ？ …… 32

第3章 ワークルールと働き方の「いま」を考える

- Q. 劣悪（れつあく）な働かせ方ってどのようなものなの？ ……… 34
- Q. 働きすぎると死んでしまうって本当ですか？ ……… 37
- Q. ハラスメントってなに？ ……… 40
- Q. 非正規雇用（ひせいきこよう）にはどんな問題があるの？ ……… 44
- Q. 就職活動ってなに？　ルールはあるの？ ……… 46

第4章 なぜ、いま「ワークルール」なの？

- Q. 「会社のルール」と「労働法」はどっちが大切なの？ ……… 50
- Q. 「男性向きの仕事」「女性向きの仕事」ってどんな仕事？ ……… 52
- Q. 労働法は私を守ってくれるものなの？ ……… 54

ワークルールに詳しい
フクロウ先生

ワークルールを学ぶ
ヒヨコさん

はしがき

　本シリーズは、中学生や高校生のみなさんが将来アルバイトや社員として働くときに、必要となる「ワークルール」について、わかりやすく解説するものです。

　職場では、「給料がもらえない」「長時間働かされる」「突然クビにされた」「上司から殴られた」など、さまざまなトラブルが起こります。このような、会社からの理不尽な扱いや劣悪な働き方を強いられた場合、自分自身を守る武器となるのが、このワークルールなのです。

　そもそもワークルールとは、「働く人（労働者）」と「雇う人（使用者）」が、円滑に仕事を行うために、お互いが従わなければならないルールのことです。とくに、使用者は労働者よりも強い立場にあるため、ときとして上記に紹介したような理不尽な扱いを行うことがあります。そうしたときに、このワークルールを知っていれば、トラブルに対処することができるわけです。

　さて、本書は、シリーズ4巻のなかの「入門編」として、「ワークルール」の基本について解説します。まず「第1章　仕事のきほん」では、「働くことの意味」「労働者と自営業者の違い」「働き方のいろいろ」など、「仕事」と「働き方」の基礎知識を身につけます。「第2章　ワークルールってなに？」では、ワークルールの概要とその歴史、そしてワークルールを担うべき専門家や機関などについて学びます。「第3章　ワークルールと働き方の『いま』を考える」では、ワークルールに関していま問題になっているトピックスを紹介します。「第4章　なぜ、いま『ワークルール』なの？」では、中学生や高校生のみなさんが、ワークルールを学ぶ意味や向き合い方について説明します。

　ワークルールは、「知っている」「理解している」だけでは、トラブル解決のために役立てることはできません。使用者からの理不尽な行為にたいして、ワークルールを自分のものとしてどう活かすのかが大切なポイントです。したがって、みなさんには、本書を通して、そうしたワークルールの考え方や活用方法を学び、体得していただければと思います。

第 1 章
仕事のきほん

Q 仕事ってなに？ なんのために働くの？

まだ働いたことがないので、「仕事」がなんなのか、よくわかりません。仕事とはなんなのか、教えてください。また、「人間はなんのために働くのか」についても知りたいです。

A 仕事とは、「体や頭を使って働き、お金を稼ぐこと」です。人間は、「お金を稼ぐ」ことを基本に、「社会とのかかわり」のなかで、「自己実現」「社会貢献」を果たすために働きます。

「お金を稼ぐこと」が仕事の基本

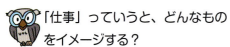「仕事」っていうと、どんなものをイメージする？

そうですね。まず、会社やお店、工場などで働くことは仕事と言えますね。あと、農業や漁業も仕事だし、病院や介護施設で働くことも仕事ですよね。

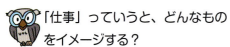そう。仕事をすべてあげようとするとキリがないね。それじゃあ、いまあげたものに共通することはなんだろう。

働いてお金をもらうことじゃないでしょうか。

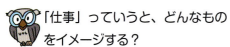よいところに気がついたね。それでは、「仕事」の意味を、「体や頭を使って働き、その対価としてお金をもらうこと」としよう。

わかりました。

じゃあ、今度は、なんのために仕事をするのか考えてみようか。これについてはどう思う？

まず、お金を稼いで生活をするために仕事をします。

そう。生活にはお金がかかる。家を借りたり、ご飯を食べたり、家族を養ったり、たまには旅行やレジャーに行ったりするために、お金が必要だよね。お金を稼ぐためには仕事をしなければならないね。では、そのほかに仕事をする理由は思いつく？

「自己実現」のために働くことも重要

うーん、そうだなあ。私は、将来、音楽関係の仕事をしたいんですが、これは自分の夢をかなえるためでもありますよね。

自分の夢を実現することも、仕事をする大きな理由だね。仕事を通じて、なにかを創り出したり、成し遂げたり、実現していきたいと思うのは、自然なこと。このことを「自己実現」と言うのだけれど、自分の生きる意味や生きる価値を創り出していくことは、人にとって非常に大切なことだと言える。私たちは、仕事を通じてそれを達成することができるわけなんだよ。

もちろん、仕事でなくても自己実現することは可能だけど、1日の生活の多くの時間を費やしている仕事が、自己実現のできない不本意なものであれば、働くのもつらいはず。できれば、生きる意味や自分の価値を見出せる仕事に就くのが望ましいと言えるね。

自己実現って自分の夢をかなえることなんですね。

実は「夢をかなえる」ことだけが自己実現ではないんだよ。たとえば、「自分の仕事ぶりを他人に評価してもらう」「自分の仕事が他人に感謝される」ことも、自己実現だと言うことができるんだ。たとえば、料理人なら「自分の料理が美味しいと評価されること」、医者や看護師なら「病気で苦しんでいる患者さんを治療して感謝されること」などが、自己実現に結びついているんだ。

他人から、自分の仕事が評価されたり感謝されたりすればうれしいですよね。

そうだね。そして、自分の仕事が評価され、感謝されることは、実は「自分の仕事が誰かのために役立っている」ということにもつながるよね。

それってまさに「社会貢献」ですよね。

そのとおり！「社会に貢献する」ことも、仕事の重要な役割なんだ。仕事を通じて他人や社会とつながり合い、ともに助け合って生きていく。

それがあってこそ、人は豊かな人生を歩んでいくことができるんだよ。

仕事ってすばらしいものなんですね。

仕事には負の側面もある

ただ、仕事には負の側面もあることも忘れてはいけない。「これは、

社会のために役立つ仕事なんだから、がんばって働いてくれ」「この仕事がこなせれば、君の夢に一歩近づいたことになるから」と言われて、安い給料で働かされたり、長時間の勤務に就かされたり、あるいは必要以上の責任を負わされてしまうこともあるんだ。これを「やりがい搾取」と言うんだよ。

具体的にはどういうケースがあるんですか？

たとえば、高齢者の介護施設などで働く介護士などは、とても社会的意義のある仕事だよね。でも、だからといって「社会的に必要な仕事だから長時間の残業もがまんしてくれ」「夜勤が3日も重なるけど、入居者さんのためになるからがんばって」と、必要以上の業務を押しつけられるケースが考えられるね。あるいは、アニメーター志望の若い人たちに「この仕事をがんばれば、君の夢が実現するよ」と言って、非常に安い報酬で働かせるアニメーション制作会社なんかも問題になったりしているよね。

そのほかにも、「君は将来有望な営業社員だから、今月はこれくらいの売上を達成して、会社に貢献してくれ」と、法外なノルマを科せられ、休日まで返上して働かされるような場合もあるよね。

「やりがい搾取」ってヒドイですね。でも、「社会のため」「自分の夢の実現のため」って言われると、なんかだまされちゃいそうだなあ。

そうならないためにも、「自分はなんのために働くのか」ということを、たえず振り返って考えることが大切だね。

ちゃんとした給料をもらい、健康な生活を送って初めて、「社会貢献」や「夢の実現」もできるんだよ。そこを見失ってしまってはいけないね。

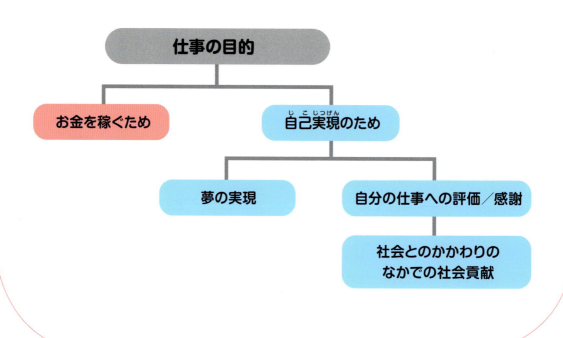

コラム
お金の支払われない仕事ってあるの？

お金が支払われない家事や子育ても大切な仕事の一つ

6ページで、仕事のことを「体や頭を使って働き、お金を稼ぐこと」としました。しかし、お金を稼がなければ、仕事ではないのでしょうか。いいえ、それは違います。たとえ、お金が支払われなくても本人や家族、あるいは社会にとって重要な仕事があります。それは、料理や掃除、洗濯などの家事や、子育て、介護などです。こうした、お金の支払われない仕事のことを、「無償労働」と言います。

1995年に国連の主催で開かれた「第4回世界女性会議」では、こうした無償労働を、下記の二つに分類しました。

①**家庭内や地域社会における無償労働：家事／子育て／介護、看護／ボランティア／など。**

②**経済活動を行っているものの仕事として低い評価しか与えらてこなかった無償労働：自営業での家族の手伝い／自分で消費する分の食料の生産／など。**

また日本では、1997年に、政府の機関である経済企画庁（現内閣府）が、専業主婦が行っている無償労働について、実際にはどれくらいの報酬金額に値するかの計算を行いました（「無償労働の貨幣評価について」）。その結果、年間で約235万円分の仕事をしていることがわかりました。

無償労働は男女で公平に分担すべきもの

本来、家事などの無償労働は、お金を稼ぐ有償労働を支える重要な仕事です。家事や子育て、介護などがあってはじめて、誰もが職場で心おきなく働くことができるわけです。しかし、長い間、この無償労働は、「主婦の仕事」として、女性に押しつけられてきました。そして、「お金を生まない仕事」として、有償労働よりも一段低く見られていたのです。

ただ、経済企画庁の調査により、専業主婦の無償労働が、報酬という形で指し示されたことにより、その価値も再評価されることとなりました。

今後は、高齢化社会の到来なども見すえながら、無償労働の新たな見直しと、男女間での公平な分担が必要になってくるでしょう。

Q 工場で働く人と農家の人とは、なにが違うの？

工場で働いている人は、自動車や電化製品など、いろいろな製品を作っています。一方、農家の人も、米や野菜などを作っています。どちらも同じようにモノを作っていますが、両者の違いはなんでしょうか。

A 工場で働いている人は会社に雇われているのに対し、農家の人は自営業として個人で事業を営んでいます。

会社から給料をもらう労働者 自分で収入を稼ぐ自営業者

 まず、工場で働いている人は、会社に雇われ、その指示のもとに製品を作り、その対価として給料をもらっている。こうした人たちのことを「労働者」と言うんだ。

一方、農家の人は、一般に個人で農業を営んでいる人たちのこと。労働者のように、誰かに雇われているわけではないので、給料が保障されるわけではないけれど、自分の判断で農作物の生産を行い、農作物が売れた分だけ自分の収入とすることができるんだ。こうした農家の人のことを「自営農（業）」と言うわけ。

会社に雇われているのか、個人で営んでいるのかで立場が違ってくるんだよ。

 それはモノづくりに限ったことですか？

 いや、違うよ。「会社などに雇われ、その指示に従って働き、その対価

として給料をもらう」のであれば、どんな業種においてもそれは労働者と言うことができる。

一方、自営という働き方も、農業に限ったことではなく、会社という組織に属さず、自分や家族、あるいは仲間などの少人数で事業を行えば、それも自営業と言えるんだよ。

たとえば、家族で営んでいるお肉屋さんや八百屋さんのような商店は自営業だし、小説家や画家、弁護士、フリージャーナリスト、ユーチューバーなんかも、ある意味自営業と言うことができるね。

労働法の対象となるのは労働者だけ

労働者と自営業者では、具体的にどんな違いがあるのでしょうか。

労働者は、会社などに雇われているので、そこで定められている規則を守り、会社の指示に従って働かなければならない。しかし、その対価として、安定した給料をもらうことができるわけ。

それに加えて、あまりにひどい働き方を会社から強要されないように、国が定めた労働者保護のための法律も整備されている。あとで詳しく説明するけれど、そういう問題に対処するために「労働法」と呼ばれる法律があるんだ。

一方自営業は、誰かに雇われているのではなく、自分で事業を行っているので、労働者のように規則や決まりはなにもない。だから、極端に言えば、好きなときに働いて、好きなときに休むことができるし、こなさなければならないノルマもないので、自由な環境で働くことができるわけなんだ。

ただ、労働者のような給料の保障がないから、売上が悪かったり、仕事が少なかったりすれば、収入が減ってしまったり、借金を背負ってしまうこともあるんだよ。だから、「自由な分だけ危険も大きい」と言うことができそうだね。

どちらが得なんですか？

それは一概(いちがい)には言えないな。どちらも、メリットもあればデメリットもあるからね。ただ、この本は、労働法などのワークルールがテーマなので、話はすべて労働者に関することだと理解してもらいたい。

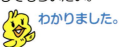
わかりました。

労働者と自営業の違い

	労働者	自営業者
労働法の適用	ある	ない
収入	安定	不安定（しかし事業が儲かれば収入も増える）
働き方	規則がある	自由
仕事の内容	いやな仕事も指示があればする必要がある	原則的に自分で決められる

会社では、正社員のほかにどんな働き方があるの？

Q コンビニやスーパーなどにはよく「アルバイトの求人」「パートの募集」という人材募集のポスターが貼り出されています。アルバイトやパートのほかにも、いろいろな働き方があると思いますが、正社員以外の働き方について、詳しく教えてください。

A 正社員以外（非正規雇用）は雇われる期間が決められています。

会社での働き方には、大きく分けて、正社員である「正規雇用」と、正社員以外の「非正規雇用」の二つがあるんだ。正規雇用については、あとで詳しく説明することにして、ここでは、非正規雇用について説明していこう。

非正規雇用とはどのような働き方なのでしょうか。

非正規雇用とは、簡単に言うと、働く期間が限られている働き方のこと（有期雇用）。また、1日の勤務時間や1週間の出勤日なども、人によって違うのが特徴だ。具体的には、①契約社員、②アルバイト／パート、③派遣社員、などに分けられる。

それぞれのような働き方なのか教えてください。

非正規雇用には大きく分けて三つの働き方がある

まず、契約社員の場合、正社員と同じように、フルタイムで働くことが多い。ただ、正社員が働く期間に制限がない（無期雇用）のに対して、契約社員は雇用期間が定められているんだ。雇用期間が決められているので、正社員のように、定年まで勤め上げることを会社から期待されていないのが特徴だね。また、契約社員には、職種が限定されている場合が多いと言われているよ。

アルバイト／パートも、多くの場合、働く期間が限られており、1日に働く時間も限られているケースが多いのが特徴だね。一般的には、学生や若者の雇用の場合を「アルバイト」、中高年の男女や主婦などの場合を「パート」と呼ぶことが多いんだ。また、「学校に行く」「子どもを保育園にお迎えに行く」というようなそれぞれの事情があるので、自分の都合に合わせて出勤日や勤務時間を柔軟に決めることができるんだ。もちろん、なかにはフルタイムで働く人もいるけどね。

派遣社員は、人材派遣会社に雇われて

いることがほかの非正規雇用の働き方と違うところだね。つまり、契約社員やアルバイト／パートは、勤務する会社と直接契約をするけれども、派遣社員は人材派遣会社に登録したあと、そこから別の会社に派遣されて勤務するんだよ。

ただし、契約を結んでいるのは、勤務先の会社ではなく、人材派遣会社なので、給料は、その人材派遣会社から支払ってもらうことになる。雇用期間が定められているのは、契約社員やアルバイト／パートと同じだね。

非正規雇用の人たちも労働法で守られている

「会社で働く人は労働者」であり、「労働者は労働法で守られている」という説明がありましたが、非正規雇用も労働者で、労働法に守られているんですか？

もちろん、非正規雇用も労働者だし、きちんと労働法で守られてい

会社での働き方の違い

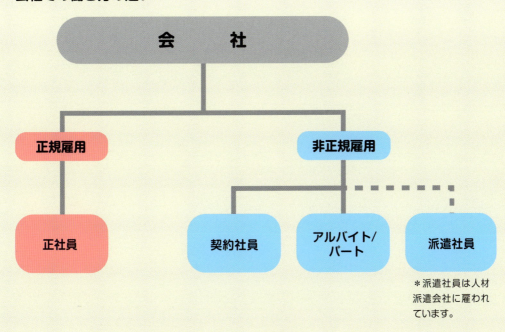

＊派遣社員は人材派遣会社に雇われています。

るんだよ。会社が無理な働き方をさせようとしたり、決められた給料を払ってくれない場合は、労働法に則って、そうした問題を是正するよう要求することができるんだ。

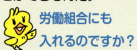
労働組合にも入れるのですか？

非正規雇用でも、労働組合（21ページ参照）に入ることはできるよ。職場の労働組合のほかにも、非正規雇用や個人でも加入することができる「地域ユニオン」などもあるから、なにか問題があったら、相談してみるのがよいと思うよ。

非正規雇用の主な契約内容

	契約先	雇用期間の制限	勤務体制
正社員	勤め先の会社	ない	フルタイム
契約社員	勤め先の会社	ある場合が多い	フルタイムの場合が多い
アルバイト／パート	勤め先の会社	ある場合が多い	短時間の場合が多い
派遣社員	人材派遣会社	ある	フルタイムの場合が多い

第 2 章
ワークルールってなに？

Q ワークルールってなに？どうしてそれが必要なの？

最近、「ワークルール」という言葉を耳にするようになりましたが、これはどのような意味なのでしょうか。また、ワークルールが必要とされる背景も教えてください。

A ワークルールとは、働く人（労働者）が会社から不利益をこうむらないように定められたルールのこと。

ワークルールは会社と労働者の両方に必要なもの

ワークルールとは、「働くことに関するルール」のこと。国が定めた「労働法」という法律や、働く人（労働者）と会社の間で結んだ「労働契約（ろうどうけいやく）」などによってできているんだ。ワークルールは、働く人（労働者）にとっては、仕事場での権利や生活を守るための重要なルールだし、会社側にとっても、仕事を円滑に、そしてトラブルなく進め、業績をアップさせるために必要なルールだと言えるんだ。

労働者と会社の両方にとって必要なルールなんですね。

そうなんだ。ただ、残念ながら現実は、会社も労働者も、ワークルールをちゃんと理解し、それに沿って職場環境を整えているとは言えない状況なんだ。最近、長時間労働を強いたり、低賃金で働かせたりする「ひど

い会社」や「劣悪な職場」が問題になっているけど、これなどは、ワークルールが守られていない代表的なケースだと言えるね。

 よくニュースになったりしてますね。

だから、このような問題が起こらないように、私たち自身がしっかりとワークルールについて勉強すると同時に、それを社会に浸透させ、会社と労働者の双方がワークルールを守り、働きやすく、魅力に満ちた職場を作っていくことが大切なんだ。

労働者が不利益をこうむらないために

 ワークルールは労働者にとっても会社にとっても必要なんですね。もっと詳しく教えてください。

労働者は、会社の命令に従って働かなければならないんだ。これは、会社と労働者がそのような契約（労働契約）を結んでいるからなんだ。「労働者は会社の指示によって働き、その対価として、会社は労働者に報酬（給料）を支払う」というのが、労働契約の基本だと言えるね。

ただ、労働者は人間であり、商品のようなモノではないので、労働契約だけでは、次にあげるような不利益をこうむってしまうケースがあるんだ。

①契約内容によっては、労働者の肉体や精神が侵害されてしまうおそれがある。
②労働者は、会社よりも弱い立場にあるので、明日の生活を守るために、安い賃金や意に沿わない契約内容であっても、同意せざるをえない状況がある。
③労働者は会社の指示によって働くので、内容によってはその人格や自由が侵害されてしまうおそれがある。

こうした事態が起こらないように、労働法は、会社と労働者との間に入って、労働者に不利益が発生しないよう規制しているんだよ。

 具体的には、労働法はどのように間に入るんですか？

次のページでも説明するけれど、一つは、労働者個人の保護の観点から、労働法が定める最低限の基準に違反する労働契約を無効にする方法で制限するんだ。それによって、労働者の人間らしい生活と自由を確保しようとしているんだよ。

そしてもう一つは、集団としての労働者の自由を実現する観点から、労働組合（21ページ参照）の結成や会社との交渉、あるいはストライキ（22ページ参照）などの団体行動の権利を認めているんだ。これは、労働者が会社に対して改善などを求めることのできるしくみなんだよ。

Q 労働法はいつ、どうやってできたの?

ワークルールの代表的な存在である労働法は、いつ、どのような背景で、なにを目的として生み出されたものなのでしょうか。また、日本における労働法は、いつごろ成立したのでしょうか。

A 労働者の劣悪な労働環境・生活環境を改善するため、19～20世紀に労働法は生み出されました。日本では第二次世界大戦後に制定されました。

労働法の背景には歴史的な二つのできごとがある

 労働法の成立の背景には、二つの歴史的なできごとがあるんだよ。その一つは、17～18世紀に起こった「イギリス革命」や「アメリカ独立革命」、それに「フランス革命」などの「市民革命」。

そしてもう一つは、18世紀半ばから19世紀にかけて起こった「産業革命」なんだ。

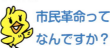 **市民革命ってなんですか?**

 市民革命とは、市民が、それまでの支配体制だった王政を打ち倒し、自らが社会を支配するようになった社会革命のことなんだよ。この市民革命によって市民は、「個人の自由と平等」を手に入れたんだ。

では、産業革命ってなんですか？

産業革命とは、18〜19世紀にかけてイギリスで起こった、「産業の大工業化」のことなんだ。それまでは、商品の生産は、家族的な小さな集団で、職人さんたちが担っていたんだ。それが、蒸気機関などの動力が発明された結果、大工場での生産が可能になり、商品の大量生産が行われるようになったんだ。これを産業革命と言うんだよ。イギリスではじまった産業革命は、しだいにヨーロッパ全域にまで広がったんだ。

しかし、産業革命で大量生産が可能となった大工場では、経営者が利益をたくさんあげるために、そこで働いている人たちの給料をとても安く抑える一方、長時間働かせることで、より多くの商品を生産しようとしたんだ。その結果、労働者の仕事と生活の環境は、極めて劣悪なものになってしまったんだ。また、未成年の子どもを働かせる「児童労働」（20ページ参照）も大きな問題になったんだよ。

市民革命と産業革命が劣悪な労働環境を招いた

 でもなんで、労働法の成立の背景に、この市民革命と産業革命があるんですか？

それは、市民革命と産業革命が結びついたことで、いま述べた「労働者の劣悪な環境」が生み出されることになったからなんだ。

市民革命で生まれた「個人の自由」の考え方が、今度は会社と労働者との契約に持ち込まれた結果、「長時間労働も個人の自由による契約だから」「安い賃金も個人の自由による契約だから」という理屈で、すべて認めさせられ、劣悪な労働環境を招いてしまったんだ。

こうした問題を解決するために、労働法が誕生することとなったんだよ。

 労働法の基本的な考え方はどのようなものだったんですか。

労働法は、劣悪な環境を招いてしまった「個人の自由」を修正する手段として、「集団」という観点を用いたんだ。それは次の2点にまとめることができる。

①**労働時間や賃金、福利厚生など、労働者が働く際の労働条件を、一律に保護すること（集団的保護）。**
②**労働者が集団として団結し、会社と自由に交渉することができる権利を保障すること（集団的自由）。**

19世紀後半、この「集団的保護」と「集団的自由」を柱にした労働法の原型が、ヨーロッパを中心として誕生し、その後、発展することとなったんだ。

なるほど。では、日本ではどうなのでしょうか。

日本で労働法が整備されるようになったのは、第二次世界大戦後のこと。1945年に、労働組合の承認・保護を定めた「労働組合法」、1946年に、労働者と会社との公正な労働関係の調整を図るための手続きを定めた「労働関係調整法」、そして1947年には、労働条件の最低基準を定めた「労働基準法」が制定され、ここに、いわゆる「労働三法」が確立したんだ。

コラム
児童労働とイギリス工場法

子どもの保護を目的に作られた1802年工場法

　世界の労働法の先駆けとなったのは、工場で働いている人の保護を目的に作られたイギリス工場法（工場法）と言われています。そして、この工場法は、とくに劣悪な労働環境におかれた児童や女性を守るために制定されたものでした。

　当時のイギリスの工場では、とくに賃金が安く、反抗もしない子どもたちが大勢雇われていました。しかし、15時間以上にもおよぶ長時間労働や夜間労働、あるいは空気のよどんだ工場内での伝染病のまん延などによって、子どもたちの健康は著しく害され、大きな社会問題となりました。

　こうした状況を憂慮した医師、工場経営者、人道主義者たちの尽力により、「工場徒弟の健康および道徳の保護に関する法律」（1802年工場法）が制定されました。

　ただ、これは、児童の労働時間を制限するものでしたが、監督制度が確立しておらず、法律的には不十分なものでした。

1833年工場法で法律の有効性が確立

　その後、労働組合による労働運動の高まりなどにあと押しされる形で、「1833年工場法」が成立するに至りました。この法律は、以下の条項からなるものでした。

① 9歳未満の児童の雇用の禁止
② 18歳未満の年少者の労働時間の制限（1日12時間）、13歳未満の児童の労働時間の制限（1日8時間）
③ 18歳未満の年少者・児童の夜間労働の禁止
④ 児童労働者の教育の義務化
⑤ 工場監督官制度の創設

　とくに、⑤の工場監督官には大きな権限が与えられたので、1833年工場法は、有効な法律として機能するようになりました。

　ちなみに、この工場監督官は国によって任命されるもので、イギリス全土を四つの地域に分け、4人の工場監督官がそれぞれの地域にある工場の監督を行いました。

Q 労働組合ってなに？いつごろできたの？

「労働組合」という言葉をときどき耳にします。そもそも労働組合ってなんですか？　それはいつごろ、どのようにしてできたのですか？

A 労働組合とは、労働者が労働環境の改善や生活の維持・向上などを会社に要求するために作る団体です。18世紀ごろに、イギリスの産業革命（さんぎょうかくめい）を通じて労働組合は発展しました。

労働組合もワークルールの重要な役割を果たしている

ワークルールの一つとして労働法があることは、すでに説明したよね。でも、労働法があるだけでは、労働者のさまざまな権利を守ることはできないんだ。労働者自らが団結（だんけつ）して、会社と交渉することによって初めて、労働者はその権利を守ることができるんだよ。

たとえば給料や労働時間、職場環境などについては、労働法ではあくまでもその最低基準についてしか定めていない。したがって、よりよい労働条件（ろうどうじょうけん）を実現するためには、団結した労働者と会社との交渉が必要なんだ。そしてこの「団結した労働者」というのが、「労働組合」なんだよ。また、労働組合は、ワークルールを作ったり守ったりする重要な役割を果たしているんだ。

イギリスで誕生した労働組合

 労働組合はいつごろできたんでしょうか。

すでに17世紀のイギリスには労働組合の原型のようなものがあったそうだけど、本格的に労働組合が活動を展開するようになったのは、18世紀の産業革命の時期だと言えるね。産業革命の進展が、劣悪な労働環境を招いたことはもう話したよね。このような過酷な状況を改善するために、労働者は団結して会社に要求をするようになったんだ。

一方、こうした組合運動に対してイギリスの政府や会社は危機感を持ち、1799年に「団結禁止法」が制定され、組合運動は禁止されることとなった。

しかしその後も、労働者の抵抗が衰えず逆に活発化したため、1824年には団結禁止法は廃止となり、その結果、数多くの労働組合が結成されることとなったんだ。

 労働者が団結してがんばった結果ですね。

さらに、1871年には「労働組合法」が制定され、労働組合が合法化されると同時に、「ストライキ」も認められるようになったんだ。

 ストライキってなんですか？

簡単に言えば、労働組合が自分たちの要求を会社に認めさせるため、集団で仕事を拒否することを、ストライキと言うんだ。会社としては、勝手に仕事を拒否されては困ってしまうよね。でも、これが、労働者の権利として認められたことは、画期的なできごとなんだよ。

あとで説明するけれど、日本の労働法でも、ちゃんとストライキの権利は認められているんだよ。

戦前にもあった日本の労働組合

 日本では労働組合はいつからあったんですか？

日本で労働法ができたのは、第二次世界大戦後の1947年のことだけど、労働組合は戦前からあったんだよ。戦前の日本もイギリスと同様、労働者はひどい労働環境のもとに置かれていたんだ。こうした状況を改善するべく、大勢の人が声をあげ、数多くの労働組合が作られたんだ。

そして、1921年には、労働組合の全国組織である日本労働総同盟（総同盟）も設立されたんだ。

しかし、中国との戦争をおし進める政府によって労働運動が抑えつけられ、とうとう総同盟は1940年に解散することになったんだ。

Q 労働法には どのようなものがあるの?

具体的に、労働法とはどんな法律なのでしょうか。それは、なにを解決するのでしょうか。

A 日本の代表的な労働法は、労働基準法、労働組合法、労働関係調整法の三つです。

労働法のベースには日本国憲法の理念がある

日本の労働法は、最高法規である日本国憲法を基本理念として、制定された法律なんだ。具体的には、「生存権」（人間らしく生きていくための権利）を定めた憲法25条と、「働く権利」を定めた憲法27条、そして「働く人が団結する権利」を定めた憲法28条が、労働法のベースにあると言えるんだ。

そして、これらの憲法の精神を、実際の労働の現場において実現するために、労働法が作られたんだ。

憲法をもとに作られた労働法には、どのようなものがあるのですか?

実は労働法というのは、一つの法律ではなく、いくつもの法律から成り立っているんだ。

大きく分けると、**①労働者と会社との関係を定めたもの、②労働組合と会社との関係を定めたもの、③就職したい人と会社との関係を定めたもの**の三つに分類

労働法のベースにある憲法の条文

憲　法	条　　文
第25条	すべて国民は、健康で文化的な最低限度の生活を営む権利を有する。国は、すべての生活部面について、社会福祉、社会保障及び公衆衛生の向上及び増進に努めなければならない。
第27条	すべて国民は、勤労の権利を有し、義務を負う。賃金、就業時間、休息その他の勤労条件に関する基準は、法律でこれを定める。児童は、これを酷使してはならない。
第28条	勤労者の団結する権利及び団体交渉その他の団体行動をする権利は、これを保障する。

されるよ。

具体的には、右の図にまとめられているので参考にしてほしいが、とくにここで覚えてほしいのは、前も少し触れた、いわゆる「労働三法」と呼ばれる「労働基準法」「労働組合法」「労働関係調整法」の三つだね。これらが、労働法の根幹をなしているわけなんだ。

労働法の基本である「労働三法」の内容とは

それぞれどのような内容なんですか。

労働基準法とは、憲法27条の「働く権利」に基づいて、1947年に制定された、労働者を保護するための法律だよ。

労働者と会社との労働契約や、賃金、労働時間、休日、休暇の基準、年少者や女性に対する特別の保護、解雇の手続きおよび会社を退社する際の保護など、労働条件の最低基準を定めているんだ。

労働組合法は、憲法28条をベースに作られた法律。会社と労働者との対等な関係を確立し、労働者の地位を向上させることを目的として、1945年に制定（1947年に全部改正）されたものだよ。社員が団結して、労働組合を作る権利や、その労働組合を通じて、会社と交渉する権利を保障しているんだ。また、このような交渉を通じて、会社と労働組合がかわした約束は、「労働協約」として、特別な効力があることも認めている。加えて、労働組合に対して、会社が違法なことを行うことも禁じているんだよ。

労働関係調整法は、1946年に成立した法律で、会社と労働者の間を公正に調整することで、トラブルを予防する法律なんだ。そして、仮にトラブルが起こってしまった場合は、政府が間に入ってその解決を図ることなどが定められているんだよ。

難しいですね。

ここでは、その内容を詳しく覚える必要はないよ。「労働者と会社との関係を定めた法律」＝「労働基準法」、「労働組合と会社との関係を定めた法律」＝「労働組合法」、「労働者と会社のトラブルを解決するための法律」＝「労働関係調整法」ということがわかっていればいいよ。

日本における主な労働法

❶ 労働者と会社との関係を定めたもの

- ※労働基準法
- 労働契約法
- 最低賃金法
- 労働安全衛生法
- 男女雇用機会均等法
- 育児・介護休業法
- 若者雇用促進法
- 障害者雇用促進法

❷ 労働組合と会社との関係を定めたもの

- ※労働組合法
- ※労働関係調整法

❸ 就職したい人と会社との関係を定めたもの

- 職業安定法
- 労働者派遣法
- 雇用対策法
- 雇用保険法

＊労働三法と呼ばれる。

労働条件はどうやって決まっているの？

Q 労働条件とはなんでしょうか。どのような項目が含まれるのですか？また、それは、どのように決められるのでしょうか。

A 労働条件は、①労働法、②労働契約、③就業規則、④労働協約、によって決められるものです。

基本は「労働法」と「労働契約」によって決められる

労働条件とは、①労働契約の期間、②就業の場所、③従事する業務の内容、④賃金や労働時間、⑤休憩・休日など、仕事をする際のいろいろな条件のことを言うんだ。

これは、すでに説明した労働法をベースに、労働契約や就業規則、労働協約などによって定められているものなんだ。では、順を追って説明していこう。

まず「労働契約」だが、これは、労働者が社員やアルバイトとして雇われるときに、会社と結ぶ契約のことを言うんだ。基本的な労働条件は、この労働契約によって定められるんだよ。契約内容は、労働者と会社との自由な話し合いによって決めることができるんだ。

ただ、雇う側の会社の方が、労働者よりも立場が強いので、劣悪な契約を一方的に押しつけてしまうことも少なくない。そうしたことにならないよう、労働法が「労働者の権利」を守るために規制をしているんだ。

具体的には、「労働基準法」が、賃金や労働時間などの最低限の基準を定めており、会社がそれに違反した場合には、最悪法律で罰せられるケースもあるんだ。

社員の労働契約をまとめたものが「就業規則」

では、次の就業規則とはなんですか？

いま説明したように、労働条件は労働契約によって定められているんだけど、社員がたくさんいる会社の場合、一人ひとりと労働契約を結んでいたのではたいへんだよね。そこで日本では、10人以上の社員がいる会社では、労働条件や職場での規律を定めた「就業規則」の作成が義務づけられているんだ。具体的には、①労働時間、②賃金、③退職、④賞与、⑤作業用品等、⑥安全衛生、⑦職業訓練、⑧災害補償、⑨表彰・制裁

などのルールが記載されているんだよ。

🐤 就業規則があるにもかかわらず、賃金や労働時間などについて、それと異なる労働契約が結ばれてしまった場合はどうなるんですか？

🦉 たとえば、労働契約で決められた賃金が、就業規則のものより安い場合は、就業規則で定められた賃金のほうが採用されるよ。逆に、就業規則よりも、労働契約で定められた賃金が高かった場合は、今度は、労働契約の賃金が採用されることになる。いずれにしても、労働者に有利な契約が優先されるんだ。

労働条件を決めるときに一番優先される「労働協約」

🐤 次の「労働協約」は、24ページで説明してもらいましたよね。

🦉 そう。労働組合と会社との交渉によってかわされた約束、つまり労働協約には強い効力があって、ここで定められた労働条件は、最優先に採用されることになるんだ。

つまり、労働契約で決められた賃金より、労働協約で決められた賃金が高い場合は、この基準にまで賃金が引き上げられることになるんだよ。

🐤 労働法から労働協約まで説明してもらいましたが、それぞれの関係はどうなっているのでしょうか。

🦉 まず基本となるのは、労働法だね。これらの定めるところが働き方の最低基準となって、これを下回る労働契約、就業規則、労働協約はすべて無効になってしまうんだ。

労働協約がある場合は、原則としてこれがすべてに優先して適用されることになる。一方、労働協約がない場合は、就業規則が職場の最低基準となるわけだ。

また、就業規則がない場合は、労働契約が労働条件の最低限の基準となるんだ。

いずれにしても、労働条件は、労働者にとって有利なように適用されるのが原則だということを覚えておいてほしいな。

労働条件を決めるもの

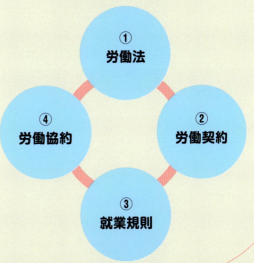

① 労働法
② 労働契約
③ 就業規則
④ 労働協約

ワークルールの専門家って誰なの？

Q 職場の労働条件などになにか問題があった場合、ワークルールの専門家として、誰に相談すればよいのでしょうか。上司や同僚とトラブルになったときも、相談することができるのでしょうか。

A 労働組合、労働基準監督署、弁護士などに相談しましょう。

労働組合は働く仲間と問題を解決する組織

職場でなにか問題があったとき、労働者の立場に立って、真摯に相談にのってくれる相手として、労働組合、労働基準監督署、弁護士、都道府県の労働局などがあげられるよ。

 それぞれどのようなところなんですか？

まずは労働組合（組合）だけど、これは、生活や地位の改善・向上を目的として、労働者が、自主的に運営している組織なんだ。前にも話したけれど、労働者が組合を作ったり、会社と交渉したり、あるいは労働協約を結ぶことは、憲法28条や労働組合法によって認められている。

なぜ法的に認められているかというと、会社に比べて立場が弱い労働者が、団結して集団を作ることによって、会社と対等な立場で交渉を行えるようにするためなんだ。そうすることで、労働者は、自分たちの権利を守ることができると同時に、会社側も、現場の不満や要求を理解し、より働きやすい職場づくりを実現できるようになる。その方が会社にとっても、効率的な経営が可能となるわけだ。

個人で加入できる労働組合もある

 労働組合って会社のなかにあるんですか？

日本では、会社のなかにあるケースが多いんだ。ただ、組合のある会社は、大企業の場合が多く、中小企業では組合がないほうが多いと言える。社員1,000人以上の会社では、約44％の人が組合に加入しているのに対し、100～999人の会社の場合では約12％、それ以下では0.9％の人しか加入していないのが現状なんだ。

 自分の職場に組合がない場合は、どうすればいいんですか？

そうした場合は、個人で加入することができる「地域ユニオン」と呼ばれる労働組合があるので、そういったところに加入するのがいいね。インターネットで検索すれば、すぐに見つけることができるよ。正社員だけでなく、アルバイトやパート労働者でも加入できるのが特徴だね。

 組合にはどのように相談すればいいのですか？

 まずは、その組合に直接行って、問題を相談してみるといいよ。よいアドバイスがもらえるようなら、そのまま加入してもいい。そうすれば、先輩たちが一緒になって、会社と交渉もしてくれるんだ。経験も豊富だから、よい解決策が見つかると思うよ。

国や自治体の相談窓口や弁護士などにも相談できる！

 次の労働基準監督署（労基署）とはなんですか？

 これは、国の機関である厚生労働省の組織で、会社においてワークルールが守られているかを監視・監督する機関なんだ。また、労働者からの相談にも応じていて、ワークルールに違反している場合には、指導や仲裁（ちゅうさい）をしてくれるんだ。各都道府県に相談窓口を開設しているので、まずは電話で相談してみるといいね。

また、各都道府県の労働局にも、労働相談の窓口があるので、こちらに相談してみてもいいね。

 弁護士はどうですか？

 弁護士は、まさに法律のプロだから、ワークルールの相談に乗ってくれるのは間違いない。ただ、弁護士にも「得意」「不得意」な分野があるから、ワークルールに詳しい労働弁護士を探すことは必要だね。また、相談したり会社と交渉してもらったりする場合には、費用が発生するから、その点も考慮（こうりょ）に入れておくべきだな。

 そのほかに、どこか相談にのってくれるところはありますか？

 最近、大企業では、社内のハラスメントの問題について相談に乗ってくれる「ヘルプライン」を設けているところも増えてきたようだね。よく調べて、こうしたところも利用してみたらいいかもしれない。

とにかく、自分にとって不利なこと、理不尽（りふじん）なことがあったら、黙っていないで、相談するなり声をあげるなりすることが重要なんだ。そこから、問題解決の糸口が見えてくると思うよ。

国際労働機関（ILO）ってなに？

Q 新聞などで、国際労働機関（ILO）という言葉を見かけますが、これはどのような組織ですか？ また、どのような活動をしているのでしょうか。

A 国際労働機関（ILO）は国連の機関で、労働者の雇用や労働条件の改善のために設立された組織です。

ILOは世界の国々に向けてさまざまな条約や勧告を発信

ILOとは「International Labor Organization」の略称で、日本語では「国際労働機関」と訳されているんだ。雇用や労働条件、それに生活の改善を目的として、1919年に設立された国連の専門機関なんだ。本部はスイスのジュネーブにあり、現在では187ヵ国もの国が加盟している。具体的には、誰もが働きやすい労働環境の実現をめざして、各国に対して労働時間や賃金、労働環境などに関する指導や勧告を行ったり、条約などを作ったりしている。

各加盟国が、政府の代表者だけでなく、企業の代表、労働者の代表の3者をILOの総会に派遣し、さまざまな条約や勧告を決めているところに、大きな特徴があるんだよ。

ILOの活動の理念があったら教えてください。

それは、1944年に採択されたフィラデルフィア宣言によく表れているよ。すなわち、「労働は商品ではない」「一部の貧困は全体の繁栄にとって危険である」「社会正義に基づく恒久平和」などが、その基本理念だと言えるね。

こうした考え方を軸に、近年では、
①男女の雇用均等
②同一労働同一賃金（同じ仕事には同じだけの賃金を支払うこと）の徹底
③強制労働と児童労働の撲滅
④移民労働者や家庭内労働者の権利
などに力を注いでいるんだよ。

「ディーセント・ワーク」ってなに？

最近、とくに注目される動きはありますか？

1999年の総会で、事務局長のフアン・ソマビアさんが提唱した「ディーセント・ワーク（Decent Work）」という考え方が注目されている

ね。ディーセント・ワークとは、日本語で「働きがいのある人間らしい仕事」という意味なんだ。具体的には、「権利が保障され、十分な収入を生み出し、適切な社会的保護が与えられる生産的な仕事」を意味しているんだよ。

こうした考え方が重視されている背景には、世界的な企業間の競争の激化が、労働条件の悪化を招いている問題があるんだ。

ディーセント・ワークの実現に向けてILOは、①**雇用の促進**、②**社会保障の確保**、③**社会対話の促進**、④**自由と平等の保障**という四つの目標を掲げていて、日本もその取り組みを進めているんだよ。

日本は、ILOが採択した190の条約のうち、49条約しか批准（条約に対して同意すること）していないと聞きましたが、実際はどうなのでしょうか。

日本はILOの重要な条約を批准していない

確かにそのとおりなんだよ。この数は、OECD（経済協力開発機構）諸国の平均である75を大きく下回っているんだ。それだけでなく、内容的にも、1日8時間・週48時間労働の原則を定めた第1号条約や、強制労働に関する第105号条約、雇用および職業についての差別待遇に関する111号条約など、重要で基本的な条約を批准していないことが問題だな。

今後、日本の労働環境も、ILOの理念に沿った形で、世界水準に引き上げらることが望ましいと言えるね。

ILOが示した重要な条約（ILO新宣言）

原則	条約
(1) 結社の自由と団結権・団体交渉権	・87号条約（結社の自由・団結権） ・98号条約（団結権・団体交渉権）
(2) 強制労働の廃止	・29号条約（強制労働） ・105号条約（強制労働廃止）
(3) 児童労働の廃止	・138号条約（最低年齢：1973年） ・182号条約（最低年齢：1999年）
(4) 雇用・職業の差別廃止	・100号条約（同一報酬） ・111号条約（差別待遇－雇用・職業）

日本がILOの重要な条約を批准しないのはなぜ？

190条約のうち批准しているのは49条約

日本は、190もあるILO条約のうち、批准しているものは49条約しかありません。とくに1日8時間・週48時間労働の原則を定めた第1号条約をはじめ、労働時間や休暇などを定めた重要な条約のすべてが未批准です。

また、ILOが1998年に、「最も優先されるべき条約」として定めた八つの条約（ILO新宣言）についても、強制労働の禁止を定めた105号条約や、雇用および職業における差別待遇の撤廃を定めた111号条約を批准していません。

なぜ日本は、このような基本的な条約を批准しないのでしょうか。

未批准の理由は国内法との矛盾

第1号条約については、国内の法律と矛盾が生じているために、批准できない状況にあると言えます。日本の労働基準法では、1日8時間、1週40時間の労働が規定されているので、ILOの第1号条約と合致しているように見受けられます。しかし、日本では、会社と労働者との話し合いにより、残業や休日出勤をしてもよいことになっており（36協定）、この点が問題となり、いまだ第1号条約が批准できない状況にあるのです。

また、105号条約についても、国内法との矛盾が批准できない理由です。この条約では、ストライキの参加者に対する制裁を禁止することも定められています。しかし日本の公務員は、保障されず、ストライキを行った場合の罰則まで定められています。これらが105号条約に違反するので、批准できないわけです。

第111号条約に関しては、「日本の国内法には、条約が禁止する差別を、明確に禁止する法律がない」などの理由で、批准に至っていません。

ILOの条約は、いわば「世界の標準」です。これからますます国際社会での活躍が期待される日本において、少なくともILO新宣言の批准は実現したいものです。

第 3 章

ワークルールと働き方の「いま」を考える

Q 劣悪な働かせ方ってどのようなものなの？

最近ニュースなどで、長時間残業や過酷なノルマなど、従業員にひどい働かせ方を押しつける会社の話題が取り上げられています。具体的に、「劣悪な労働条件」とはどのようなものなのでしょうか。また私たちは、なにに気をつければいいのでしょうか。

A 「劣悪な労働条件」とは、労働法を守らずに従業員を働かせる条件のことです。

劣悪な労働条件は法律違反であるケースが多い

「ブラック企業」という言葉を聞いたことがあります。

劣悪な労働条件を押しつける会社のことだね。2000年代から、長時間労働でとても働き続けられないような会社のことが「ブラック企業」として社会的に注目されるようになった。違法な働かせ方であることから「ブラック」と言われ、逆に法律を守る働きやすい会社が「ホワイト企業」と呼ばれることもある。

ただ「ブラック」という言葉を悪の代名詞のように使うことは人種差別につながりかねないという指摘もあるので、ここでは使わないよ。

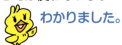わかりました。

話を戻すと、劣悪な労働条件とは、違法な働かせ方や、社員の健康に配慮しない働かせ方をさせる条件のことなんだ。

たとえば、非常に長い残業時間を強いたり、残業代を支払わなかったり、過重なノルマを押しつけたり、あるいは、上司が「怒鳴る」「嫌がらせをする」などのハラスメントを行う会社が問題となっているんだよ。

劣悪な労働条件の問題点は大きく分けて、①過重な仕事量、②仕事量に見合わない安い給料、③心身にかかる過度な負担の三つがある。

こうした問題が一点でもあれば、おかしな働き方を強いられている可能性もあるので、そのときは28ページでも紹介した「ワークルールの専門家」に相談してみるといいかもね。

劣悪な労働条件では社員はハッピーになれない！

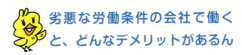
劣悪な労働条件の会社で働くと、どんなデメリットがあるん

三つの劣悪な労働条件

問題点	例
❶過重な仕事量	・長時間の残業労働 ・休日の出勤 ・休暇が取れない ・達成が難しいノルマの強制
❷仕事量に見合わない安い給料	・残業代が支払われない ・生活できないほどの低賃金 ・給料の昇給がない
❸心身にかかる過度な負担	・危険な仕事 ・長時間の立ち仕事 ・不快な作業環境（室温、騒音、粉じんなど） ・パワハラがある ・セクハラがある ・職場にいろいろな差別がある ・体力の限界を超えた肉体労働

ですか？

一つには、自分の体や心の健康を損ねてしまう、という問題があるよ。無理な仕事から病気になってしまったり、事故を起こしてケガをしてしまったり、あるいはうつ病などの心の病気にかかってしまう確率が高くなってしまうんだ。なかには自殺を余儀なくされてしまうケースもあるので、注意が必要だね。

それから、「貧困に陥ってしまう」「自分の時間が仕事に奪われてしまい、大切な人生が歩めない」などの問題もあるね。

「一生懸命働いても、手元に残る月給は10万円程度で、親から仕送りをしてもらわなければ生活できない」「40歳になっても給料が安くて家族を養えない」など、生活が成り立たないケースや、「毎日朝9時から夜11時まで働いているので、自分の時間は食事と睡眠のときだけ」「休日出勤が毎週なのでデートにも行けない」など、豊かな人生からはほど遠い生活を強いられてしまうケースなども考えられる。

劣悪な労働条件の会社を見分けるポイント

どうすれば劣悪な労働条件の会社を見分けることができるんですか？

なかなか難しいけれど、下のポイントに気をつけることは大切だね。でも、その会社に入るまでは、そこが劣悪な労働条件の会社だということがなかなかわからないことも多いので、繰り返しになるが、「あれっ？　おかしいな？」と思ったらすぐに、ワークルールの専門家に相談することが大切だよ。

劣悪な労働条件の会社を見分けるポイント

求人広告	・求人広告に大げさな言葉がたくさん出てくる ・求人期間が長い ・給料が高すぎる。給料に幅がありすぎる ・従業員が少ない割に求人数が多い ・労働条件の説明があいまい
企業説明会／面接	・精神論ばかりの説明が目立つ ・業務内容の説明が抽象的でよくわからない ・面接時間が短い ・面接官が威圧的 ・求人広告と違う労働条件を提示される

Q 働きすぎると死んでしまうって本当ですか？

劣悪な労働条件の問題点のなかに、「長時労働」などがありましたが、働きすぎると過労で死んでしまう、という話を聞きました。本当なんでしょうか。

A 本当です。1ヵ月80時間の残業は国の定める「過労死ライン」です！

「働きすぎ」ではなく「働かされすぎ」が問題

 お母さんに、「勉強のしすぎで死んだ人はいないから、もっと勉強しなさい」って叱られました。

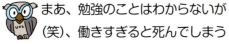 まあ、勉強のことはわからないが（笑）、働きすぎると死んでしまうのは、本当のことなんだよ。

ただ、「働きすぎ」よりは「働かされすぎ」と言う方が正しいけれどね。

 なるほど。無理やり働かされるのが「劣悪な労働条件の会社」ですからね。

「働かされすぎ」て死んでしまうことを、一般的に「過労死」と呼んでいるんだ。

過労死の原因には、①**心臓の病気（心疾患）**、②**脳の病気（脳血管疾患）**の二つが考えられる。そして過労死のほかにも、働かされすぎることによって①**過労自殺**、②**過労・睡眠不足による事故死**と

過労死の危険が考えられる症状

❶心臓の病気（心疾患）	・急に心臓がバクバクする ・胸が圧迫されるような感じ ・左腕がだるくなる ・胃がせりあがってくる感じ ・下あごからノドにかけて締めつけられる
❷脳の病気（脳血管疾患）	・顔や手足の片側が麻痺する ・ろれつが回らない、口が閉じない ・めまいや立ちくらみ ・目の焦点が合わない

過労自殺／過労による事故死の危険が考えられる症状

❶過労自殺	・睡眠障害（眠れない・起きられない） ・なにをやっても楽しくない ・イライラしたり、焦燥感がある ・集中力の低下 ・死にたいと思うようになる
❷過労・睡眠不足による事故死	・記憶力、集中力の低下 ・急に意識が飛ぶ ・いつも眠い ・イライラする ・吐き気、めまいがある

いう死に至る二つの危険も高まってくるんだ。

　どれくらい働くと、過労死になるのでしょうか。

　国が過労死を認定するための基準にしている一つの目安は、1ヵ月の残業時間が80時間を超えた場合だ。週休2日制で月20日出勤しているとすると、1日の残業時間が4時間。つまり、定時の勤務時間が9〜18時なら、毎日22時まで残業する計算になるね。この時間を超えると、過労死との関連性が強いと考えられているんだ。

　また厚生労働省では、残業の限度時間を、1ヵ月45時間に定めているんだ。この残業時間を超えると健康障害のリスクが高まるとしており、注意を促しているよ。

過労が原因で亡くなる人の数はどれくらいなんでしょうか。

2018年に厚生労働省が認定した数字では、過労死と過労自殺（未遂を含む）を合わせた件数（支給決定件数）は158件。その内訳は、脳・心臓疾患による死亡が82件、自殺（未遂を含む）が76件だった（厚生労働省「過労死等の労災補償状況」）。このように過労死と過労自殺を合わせて、広い意味で「過労死」と呼ぶ場合もあるよ。

ただ、これはあくまでも国が認めたケースにかぎったものなので、実際に過労死した方はもっと多いと考えられている。

過労死を避けるにはどうすればいいの？

 なぜ過労死するまで働いてしまうんでしょうか。

いくつかの原因が考えられるが、一つには、会社が社員に対して、長時間の残業をしなければならない状況に追い込んでしまうことがあげられるね。「この仕事を終えるまでは家に帰るな」「明日までにかならずこの書類を用意しろ」などと業務命令を受ければ、社員は残業せざるをえないよね。そして、こうした働き方（働かされ方）が毎日になれば、過労死してもおかしくない長時間労働になってしまうんだ。また、過労死には最近よく耳にするパワー・ハラスメントが関係しているケースもけっこうあるんだよ（40ページ参照）。

そういうときに、「これはちょっとおかしいんじゃない？」と思えればいいんだけど、まじめで責任感が強かったりすると、「でも仕事はきちんとやらなければいけないな」「私がこの仕事をしなければ、誰かに負担をかけてしまう」などと考えて、心身がボロボロになるまで働いてしまうんだ。

また、長時間残業による疲れやうつ病などによって、正常な判断ができなくなり、思いつめて過労自殺を選んでしまうケースも考えられるよ。

 過労死にならないためには、どうすればいいのでしょうか。

簡単に言えば、長時間労働を減らすことが重要だね。会社に交渉して労働時間を減らすことができればそれにこしたことはないけど、会社がそれを許さない場合には、先に説明したワークルールの専門家に相談しよう。

それとは別に、心がつらい状況にある場合には、心療内科などの医師に相談することも必要だよ。

それでも改善されない場合は、会社を辞めることも考えるべきだよ。結局、そんな会社には長く勤務することはできないだろうし、過労死してしまっては元も子もないからね。

ハラスメントってなに？

Q 「セクシュアル・ハラスメント」とか「パワー・ハラスメント」は有名ですが、そもそも「ハラスメント」ってなんですか？ また、ほかにはどんなハラスメントがあるのでしょうか。

A 「ハラスメント」とは、「いじめ」「いやがらせ」のことを指します。

ハラスメントには どんな種類があるの？

「ハラスメント（Harassment）」という言葉は、もともと「悩み」を表す英語で、厚生労働省では、「いじめ、いやがらせ」と訳している。具体的には、他人の尊厳を傷つけたり、脅威を与えてしまう発言や行為のことを「ハラスメント」と呼んでいるんだ。

「ハラスメント」にはどのようなものがあるのでしょうか。

一概にハラスメントといっても、その種類は多く、職場で行われるもの、学校で行われるもの、家庭で行われるものなど、場面によっていろいろなものがあるんだ。ここでは、職場のハラスメントに限って説明していこう。

職場には、右の図のように、「セクシュアル・ハラスメント（セクハラ）」「パワー・ハラスメント（パワハラ）」をはじめとして、「モラル・ハラスメント（モラハラ）」「アルコール・ハラスメント（アルハラ）」「マタニティ・ハラスメント（マタハラ）」などがあるんだ。

セクハラには どんな被害があるの

まずは、セクハラについて教えてください。

セクハラとは、「性的いやがらせ」のことだ。大きく分けると、①上司からの性的な発言・行為に対して、拒否や抵抗を示したことにより、解雇、減給、配置転換などの不利益を受けること（対価型セクシュアル・ハラスメント）、②意に沿わない性的な発言・行為をされたことによって、仕事ができなくなったり本来の能力が発揮できなくなるなど、仕事をするのに支障が生じること（環境型セクシュアル・ハラスメント）の二つがある。

セクハラに対して、国はどのような対策を行っているのですか？

職場におけるさまざまなハラスメント

ハラスメント	内　容
セクシュアル・ハラスメント	本人が意図する、しないにかかわらず、相手が不快に思い、相手が自身の尊厳を傷つけられたと感じるような性的発言・行動のこと
パワー・ハラスメント	同じ職場で働く者に対して、職務上の地位や人間関係などの職場内の優位性を背景に、業務の適正な範囲を超えて、精神的・身体的苦痛を与える、または職場環境を悪化させる行為のこと
モラル・ハラスメント	言葉や態度、身振りや文書などによって、働く人間の人格や尊厳を傷つけたり、肉体的、精神的に傷を負わせて、職場を辞めざるをえない状況に追い込んだり、職場の雰囲気を悪くさせる行為のこと
アルコール・ハラスメント	飲酒の強要、イッキ飲みの強要、意図的な酔いつぶし、飲酒にかかわる迷惑な発言・行動のこと
マタニティ・ハラスメント	働く女性が妊娠・出産をきっかけに職場で精神的・肉体的な嫌がらせを受けたり、妊娠・出産を理由とした解雇や雇い止めで不利益をこうむったりするなどの不当な扱いを受けること

（出所）『日本大百科全書』（小学館）を参考に作成。

まず、雇用機会均等法という法律では、会社にセクハラに対する防止策の実施を義務づけているんだ。

また厚生労働省は、職場でのセクハラを防止する指針を定めているよ。

ただ、国の設置している相談室に寄せられているセクハラの相談件数は、2018年度は約7,600件にも上った。そしてこの数字も氷山の一角にすぎず、実態はさらに多くの人がセクハラの被害にあっていることが考えられる。

また、2016年に国が1万人の女性を対象とした調査では、約3割の人がなにかしらのセクハラの被害を受けており、そのうちの約6割は、「がまんした、とくになにもしなかった」と述べている（労働政策研究・研修機構「妊娠等を理由とする不利益取扱い及びセクシュアルハラスメントに関する実態調査結果」）。

残念な結果ですね。

そうだね。それからセクハラに関しては、被害者は女性だけでなく、男性や性的少数者（LGBT）のケースもあるんだ。いろいろな人が被害者になってしまうということは覚えておいてほしいな。

強い立場を利用したパワハラも人権侵害

では、次にパワハラについて教えてください。

パワハラとは、職場の上司が部下などに対して行ういじめやいやがらせのことだよ。正常な業務の範囲を超えて、上司が部下に対して無理な仕事

セクシュアル・ハラスメントのケース

対価型セクシュアル・ハラスメント	・上司が性的関係を迫ってきたので拒否したら解雇された ・上司が胸を触ってきたので抵抗したらプロジェクトから外された ・上司が部下に関わる性的な話を職場で話すので、抗議したら降格された
環境型セクシュアル・ハラスメント	・上司が腰、胸などをたびたび触ることに苦痛に感じ、仕事への意欲が低下した ・同僚が取引先において、本人の了解なく性的な情報を流布したため、そのことを苦痛に感じて仕事が手につかなくなった ・事務所内にヌードポスターを掲示しているため、そのことを苦痛に感じて業務に専念できなくなった

（出所）厚生労働省ホームページ「セクシュアルハラスメント対策に取り組む事業主の方へ」より作成。

を押しつけたり、罵倒などをして人格や尊厳を傷つけたりするんだ。場合によっては、暴力を振るったり脅迫などを行うケースもあるんだよ。

国は、パワハラに関して下のような定義を行っているんだ。国の相談室に寄せられるパワハラの相談件数は、年々増加の一途をたどっており、2004年には約2.2万件だったものが、2018年では約8.2万件にも達しているんだ。

パワハラは、被害者を精神的に追い詰めて病気にしてしまったり、場合によっては自殺にまで追い込んでしまうケースもあるんだよ。それほどひどい人権侵害であるにもかかわらず、その数は一向に減っていない。

その原因として考えられるのは、加害者本人が、自分の行為をパワハラだと考えていないケースが多いことなんだ。「こ れも業務指導の一環」「自分も上司に同じように鍛えられた」と考え、被害者の立場に立って考えようとしないところに問題があるんだよ。構造的には学校のいじめと同じだと言えるね。

 これらのハラスメントの被害にあった場合は、どうすればいいのですか？

まずは、しかるべきところに相談するのが大切だね。会社のなかにハラスメントの相談窓口があるようであれば、そこに相談してみるのも一つの方法だよ。ただ、「会社の偉い人からセクハラにあった」のような場合、会社に相談することによって、自分の立場がさらに悪くなることも考えられるので、そのようなときには、先に説明したワークルールの専門家に相談してみるのがいいね。

パワー・ハラスメントにあたる行為

1	暴行や傷害（身体的な攻撃）
2	脅迫・名誉毀損・侮辱（精神的な攻撃）
3	無視や仲間はずし（人間関係からの切り離し・隔離）
4	遂行不可能なことの強制や仕事の妨害（過大な要求）
5	程度の低い仕事を命じたり仕事を与えない（過少な要求）
6	私的なことに過度に立ち入る（個の侵害）

（出所）厚生労働省ホームページ「職場のパワーハラスメントについて」より作成。

非正規雇用にはどんな問題があるの？

Q スーパーで働いている私のお母さんが、「自分は非正規雇用だから、いろいろと不安定なのよね」と言っていました。非正規雇用にはどんな問題があるのでしょう？

A アルバイト、パートタイマーや派遣社員、契約社員などには「正社員に比べて給料が低い」「雇用期間が限られる場合がある」などの問題があります。

正規雇用と非正規雇用の間には労働条件で格差がある

12ページでも説明したけれど、多くの高校生や大学生などが経験するアルバイトをはじめ、パートタイマーや派遣社員、契約社員、嘱託社員などは、「非正規雇用」と呼ばれているんだ。これは、正社員が「正規雇用」と呼ばれていて、その対となっている言葉だよ。

なぜ、「正規」と「非正規」なんですか？

それは、両者の雇用のあり方の違いに由来しているんだ。正規雇用は、定年までの勤務が可能であり、勤務時間もフルタイム勤務。それに対して非正規雇用は、雇用期間が限定されるケースが多く、勤務時間もフルタイムであるとはかぎらない。また、社会保険については、国の制度として、正規雇用は加入が義務づけられているのに対し、非正規雇用の場合は、加入できないケースがあるんだよ。さらに、会社の扱いとしても、給料や福利厚生などは正規雇用のほうが優遇されているのが現実なんだ。

こうした状況を指して、「正規」「非正規」という言葉で表しているんだよ。

非正規雇用で働くメリットとデメリット

非正規雇用は、正規雇用に比べて不利なんですか？

労働条件が正社員と比べて低いので、不利なことには違いがないが、非正規で働くメリットもあるんだ。

たとえば、勤務時間の融通がきくので、子育てや介護でフルタイムの勤務ができない人や、健康上の問題で、週5日の勤務が難しい人などでも、非正規なら柔軟に働くことができる。

また、正規に比べて、採用のハードルが低いので、仕事のブランクがある人や、

未経験者であっても、比較的スムーズに職に就くことができるのもメリットだと言えるね。

　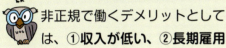

　非正規で働くデメリットとしては、①**収入が低い**、②**長期雇用の保障がない**などがあげられる。

　①**収入が低い**、については、2018年における国の調査によれば、正規労働者の平均年間給与が324万円であるのに対し、非正規労働者は209万円にすぎないという数字が出ているんだ（厚生労働省「平成30年賃金構造基本統計調査結果の概況」）。この金額だと、家族を養うことは難しいし、自分の将来設計を描くこともままならないと言える。

　②**長期雇用の保障がない**、については、雇用期間が定められているので、労働契約を更新しない「雇い止め」の不安があるなど長期的な身分が保障されていない。そのため、①**言いたいことが言えない**、②**先々の生活の見通しを持ちにくい**など、不安定な立場に置かれているんだ。

　2013年の法律の改正によって、非正規のような雇用期間が決められた労働者でも、通算5年を超えて雇用された場合は、権利として無期労働契約を申し出ることができるようになったんだ。しかし、これは、労働者が自分で契約を申し出る必要があることに加え、無期雇用の権利が発生する前に、会社が労働者を雇い止めにしてしまうケースも考えられ、労働者の長期雇用が保障されたとは言い切れない現状もあるんだ。

　非正規労働者ってたいへんなんですね。

　そうなんだ。だから、非正規労働者の人たちは、自分が持っている権利をちゃんと確かめて、それを主張すると同時に、理不尽な扱いには声をあげて抗議していくことが重要なんだよ。

非正規労働者は、自分の権利をちゃんと主張しよう！

就職活動ってなに？
ルールはあるの？

Q 高校や大学の卒業を前に、多くの人が就職活動を行うことになりますが、実際にこれは、どのような活動なのでしょうか。また、なにかルールのようなものがあれば教えてください。

A 就職活動は、①情報収集、②応募、③採用試験／面接、④内定、⑤承諾書の提出、⑥入社、の順で行われます。

就職活動も
ワークルールで守られている

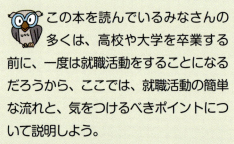この本を読んでいるみなさんの多くは、高校や大学を卒業する前に、一度は就職活動をすることになるだろうから、ここでは、就職活動の簡単な流れと、気をつけるべきポイントについて説明しよう。

まず、就職活動は、48ページの図にあるとおり、①**情報収集**、②**応募**、③**採用試験／面接**、④**内定**、⑤**承諾書の提出**、⑥**入社**の順に進められる。「情報収集」については、求人している会社が、「求人票」や「募集要項」といった労働条件を書き記した書類を、学校やインターネットに提示するので、まずはそれを見て、どのような会社か把握しよう。

仕事内容はもちろんのこと、給料や勤務時間、休日、社会保険、福利厚生などについて細かく書かれているので、注意深くチェックすることが重要だ。

次に、情報収集をして、応募したい会社が見つかったら、応募用紙やエントリーシート（履歴や志望動機を記入したもの）を送って応募してみよう。その後、会社から連絡があるので、指定の日時に出向き、筆記試験や面接を経て、合格すれば、会社から内定通知が送られることになる。その会社に就職することを希望するのであれば、承諾書を書いて提出し、正式に採用されることとなるわけだ。

それぞれ、どういうことを気をつければいいのでしょうか。

48ページの図に、就職活動のながれと、注意点を記しておいたので、参考にしてほしい。とくにここでは、人権の問題にかかわる「公正採用選考」について説明しよう。

公正で平等な採用をめざす
「公正採用選考」

「公正採用選考」ってなんですか？難しい言葉ですが。

これは、会社が採用を考えるときに、平等で公正な基準をもとに選考することを求めるものなんだ。

「平等で公正な基準」ってなんですか？

たとえば、「あなたは女性だから」「あなたのお父さんは失業中だから」「あなたのお母さんは日本人じゃないから」「あなたは○○地区の出身だから」「あなたは○○教の信者だから」などという理由で不合格になるのは、平等でもないし公正でもないよね。

そうですね。あきらかに差別ですよね。

つまり、こうした差別的な基準をもとに採用の選考をするのではなく、あくまでも応募者本人の能力や仕事への適性などによって採用を判断することが、平等で公正な採用だと言うことができるよね。

だから、応募用紙やエントリーシートには、本人の能力や適性と関係ない、「家族の職業」や「本籍（ほんせき）」などの情報を記載する欄を設けないように、そして面接にあたっても、同様の不適切な質問をしないように、国や各自治体などが指導しているんだ。

またこのことは、「職業安定法（しょくぎょうあんていほう）」という労働法でも定められていることなんだよ。

これは、高校生や大学生の就職活動にかぎったことなのですか？

いや、高校生や大学生にかぎったことではないよ。すべての人が、年齢や性別に関係なく、就職活動をする際に保障されている権利なんだよ。アルバイトのときだって同じなんだ。

なるほど！　そういう採用をきちんとしている会社を見きわめることも大切ですね！

ルールを守っていない会社もあるから注意しようね！

就職活動のながれと注意点

就職活動のながれ	注意点
情報収集	労働条件（ろうどうじょうけん）
応募	公正な採用のための情報提供
採用試験／面接	面接における不適切な質問
内定（ないてい）	内定取り消し
承諾書の提出（しょうだくしょ）	承諾書提出の強要（きょうよう）（オワハラ）
入社	

第4章
なぜ、いま「ワークルール」なの？

Q 「会社のルール」と「労働法」はどっちが大切なの？

会社のルールには、「就業規則」や、雇われるときに結んだ「労働契約」、あるいは「上司の業務命令」などがあります。こうした「会社のルール」と「労働法」が違う場合、どちらを優先すればいいのでしょうか。

A 労働法に反する会社のルールは認められません。

契約書にサインしてしまったら自己責任なの？

職場の上司から、「いくら労働法にルールがあるといっても、君は契約書に自分でサインをしたんだから、そのとおりに働いてもらわなければ困るよ」と言われて、不本意な長時間の残業や休日出勤をさせられた20代の会社員から相談を受けたことがある。ずいぶんひどいケースだと思うが、これについて、君ならどう考える？

うーん。確かに、いくら労働法があると言っても、自分で契約書にサインをしてしまったんだから、契約書のルールのほうが優先されちゃうんじゃないでしょうか。

相談に来た会社員も、君と同じように考えてしまい、しかたなく、残業や休日出勤をこなしていたそうだよ。でもね、結論から言うと、どんな状況でも、労働法が優先されて強制的に適用されるものなんだよ。いくら契約書にサインをしたからといって、労働法に違

反していれば、そうした契約はすべて無効なんだ。

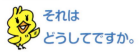
それはどうしてですか。

労働法は会社が守らなければならないルール

一つには、労働法は国が定めている法律だからだよ。一方の就業規則は、会社が一方的に作った規則だし、それに基づいて交わされた労働契約も、国の法律に比べれば、守らせる力は弱いんだよ。だから労働法は、会社のルールより優先するものなんだ。

それに加えて、労働法は、弱者を守るための「強行法規」というものだから、会社や上司がどんなに反対をしようとも、強制的に適用されてしまうんだよ。

心強いですね。

仮に、会社のルールが労働法に優先してしまうとすれば、労働者が無制限に働かされたり、あるいは、労働に見合わない安い給料で働かされることになり、過労死や貧困の問題が出てくることになってしまうよね。

実は、18ページでも学んだことだけれども、労働法ができる前の社会は、労働者が会社に過酷な労働を強いられて、過労死や貧困、あるいは子どもの労働が、大きな社会問題となっていたんだ。そうした状況への反省から、労働法が「強行法規」として生み出されることになったんだよ。

そう考えると、労働法の「ルール」とは、会社が守らなければならないルールなんですね。

そのとおりなんだ。労働法は、会社が守らなければならないルール。仮に、会社がそのルールを守っていなければ、それを守るように、労働者が声を大にして要求していいものなんだよ。まさに、弱者が闘うための武器だと言うこともできるな。

こんなに頼もしい武器を、うまく使いこなせればいいですね。

会社のルールだって労働法に違反しているものは、守る必要がないよ！

労働法のほうが優先されるんだね！

Q 「男性向きの仕事」「女性向きの仕事」ってどんな仕事?

よく世間では、「女性は感情的」「男性は論理的」と言われています。そうだとすると、感情的である女性に適した仕事や、論理的である男性に適した仕事がある、ということなのですか?

A 「男性向きの仕事」「女性向きの仕事」はありません。人間の能力や適性に性差はありません。

個人の能力と適性によって仕事は選ばれるもの

「女性は感情的」「男性は論理的」などは、よく耳にする言葉だけど、君はこれについてどう思う?

そうですね。一概(いちがい)にそうとは言えないと思いますね。だって、学校の先生や弁護士など、論理的な仕事に就いている女性は結構多いし、逆に、感情の豊かさが必要とされる音楽家や芸術家の仕事に就いている男性もいるはずですよね。

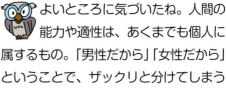よいところに気づいたね。人間の能力や適性は、あくまでも個人に属するもの。「男性だから」「女性だから」ということで、ザックリと分けてしまうのは、いささか問題だよ。

仕事って、自分の夢や人生の目標から、「これをやってみたい」「あんな仕事についてみたい」と考えて選びたいよね。だから、男性も女性も平等に仕事を選び、

働くことができるほうがいいと言えそうだね。

職場におけるあらゆる差別はないほうがよい！

残念ながら、いまの日本の会社は、男性に比べて、女性が働きづらい環境にあると言えるね。結婚して出産すれば、女性が子育てのために会社を辞めなければならないことがすごく多いし、管理職まで出世できるのも、男性のほうが圧倒的に多いんだ。

ただ、こうした状況を改善しようとする動きも出てきているんだよ。「性別」だけでなく、「人種」「年齢」「障害のあるなし」などでも差別されることなく、誰もが誇りをもって働ける働き方のことを「ダイバーシティ」と言うんだけど、この「ダイバーシティ」に取り組んでいる会社が、最近ではどんどん増えてきているんだ。

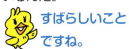
すばらしいことですね。

男女の平等は、労働法で保障されている

労働法でも、職場における男女の差別を禁じているんだ。1985年に制定された「男女雇用機会均等法」では、職場における男女の差別を禁止し、募集・採用・昇給・昇進・教育訓練・定年・退職・解雇などの面で男女とも平等に扱うことを定めている。

また、1999年に制定された「男女共同参画社会基本法」では、男女が対等な立場で、自分が参加したいと考えるすべての活動（政治、経済、社会）に参加することができ、そこから得られるさまざまな利益を平等に受け取ることができる権利を保障しているんだ。

加えて、1992年に成立した「育児休業法」や、これを改正して成立した「育児・介護休業法」（1995年）では、育児のために取得できる休暇が、男女ともに認められているので、子育てを男女で行う環境が整ってきている、と言うことができるんだよ。

性別によって仕事が違う状況は改善されつつある

このように、会社におけるダイバーシティの取り組みや、労働法などの法律の整備などによって、「性別による職域分離」（性別によって任される仕事が違うこと）の状況は、改善されつつあるのが現状なんだ。

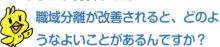
職域分離が改善されると、どのようなよいことがあるんですか？

男性も女性も同じ仕事を担うようになると、給料の額や昇進の機会が、男女で平等になることがあげられるね。そうなると、女性は一層やりがいをもって働けるようになるので、会社にとってもよい結果を生み出すことになるんだよ。

しかし、まだまだ職域分離が残っている会社や職種も多いのも現実なんだ。したがってこれからは、こうした状況がさらに改善されるよう、努力を続けていくことが大切だと言えるね。

労働法は私を守ってくれるものなの？

Q 労働法が、職場での私たちの権利を守ってくれるものだということは、よくわかりました。もしなにか問題があったとしても、労働法がかならず守ってくれるのですよね？

A 労働法はルールにすぎません。そのルールを会社に守らせるには、あなたや仲間の力が必要です。

いままで見てきたように、労働法は、職場で弱い立場にある人たちを守ってくれる、心強い味方であることは事実だよ。そしてこれは、人類が悲惨な歴史のなかから創り出した、「知恵と英知」と言っても過言ではない。

しかし仮に、会社で自分に理不尽なことが降りかかってきたとしても、労働法があるんだからと黙っているだけでは、問題はなにも解決しないんだ。「これは労働法に違反しているのではないか」と専門家に相談したり、「労働法を守っていない指示は受け入れられません」と声をあげるなど、自分で動いて初めて、労働法はその力を発揮するものなんだよ。

でも、声をあげることで、「みんながまんしているんだから、それくらいのことで文句を言うな」と職場の仲間から白い目で見られたり、上司や社長から、もっといじめられたりすることはないんですか。

たぶん、一緒に働いている仲間は、「これは労働法に違反しているな」と思っていても、いま君が言ったようなことを心配して、誰も行動に移せないケースが多いんじゃないかな。だから、一人が「これは間違っている！」と声をあげることで、「自分もそう思う」という意思表示をしてくれる仲間はいると思うよ。

ただ、声をあげることで、上司や社長からいじめられたり、場合によっては解雇されてしまうようなケースがあるのも事実なんだ。そうしたリスクを避けるためにも、問題意識を共有する仲間を見つけて、彼ら／彼女らと一緒に声をあげることが大切なんだ。複数の社員からの声であれば、上司や社長もきっと無視をすることはできなくなるはずだよね。

仲間で団結して、会社に声をあげる……。なるほど。これこそがまさに、23ページで学んだ、労働組合法が保障する権利なんですね！

そう。いいところに気がついたね！　社員が団結して労働組合を

作ったり、その労働組合を通じて会社と交渉する権利を保障しているのが労働組合法なんだよ。この権利をうまく使って声をあげることが重要だよ。

いずれにしても、労働法は、職場の弱者を守るために国が定めた法律だから、職場の問題を指摘する人の強いうしろ盾になることは確かだよ。

自分が正しいと思ったことを発言したり行動に移すことが大切なんですね。

ちゃんと、法律や良心に基づいていれば、自分の意見を言うことは、難しいことでも怖いことでもないんだよ。

たとえば、日本で在日コリアンへのヘイトスピーチが盛りあがったとき、サッカーの本田圭佑選手が、「自分の国しか愛せないのは悲しいこと」だと自らの意見をはっきりと表明したよね。

あるいは、シリアで拘束され、3年後に解放された日本人ジャーナリストの安田純平さんが、「拘束されたのは自己責任」というバッシングを受けたとき、大リーガーのダルビッシュ有選手は、「一人の命が助かったのだから、自分は本当に良かったなぁと思います」と、安田さんを擁護したのも、勇気ある発言だったね。

私たちも、しっかりと自分の意見を持ち、それを自信を持って表明できるようになりたいものだね。

私も、そういうかっこいい人になりたいです！　がんばります！

理不尽な扱いには、自分でちゃんと声を上げることが大切なんだね！

本田圭佑選手やダルビッシュ有選手のようになりたいね！

監修者プロフィール　上西充子（うえにしみつこ）

法政大学キャリアデザイン学部教授。東京大学大学院経済学研究科第二種博士課程単位取得退学。労働政策研究・研修機構の研究員を経て、2003年より法政大学教員。専門は労働問題、社会政策。著書に『大学生のためのアルバイト・就活トラブルQ＆A』（旬報社）『大学のキャリア支援』（経営書院）『就職活動から一人前の組織人まで』（同友館）ほか。

これだけは知っておきたい「働くこと」の決まり
10代からのワークルール❶
ワークルールってなんだ？

2019年3月15日　初版第1刷発行
2023年7月3日　　　　第3刷発行

監修　上西充子
編集協力　有限会社アジール・プロダクション
執筆協力　村田浩司
イラスト　朝倉千夏
装丁・本文デザイン　ランドリーグラフィックス
編集担当　熊谷満
発行者　木内洋育
発行所　株式会社旬報社
〒162-0041
東京都新宿区早稲田鶴巻町544　中川ビル4F
TEL 03-5579-8973
FAX 03-5579-8975
HP http://www.junposha.com/
印刷　シナノ印刷株式会社
製本　株式会社ハッコー製本

© Mitsuko Uenishi 2019,Printed in Japan
ISBN978-4-8451-1572-3　NDC366